# BEI GRIN MACHT SICH IHR WISSEN BEZAHLT

**Bibliografische Information der Deutschen Nationalbibliothek:**

Die Deutsche Bibliothek verzeichnet diese Publikation in der Deutschen National-
bibliografie; detaillierte bibliografische Daten sind im Internet über http://dnb.d-
nb.de/ abrufbar.

**Impressum:**

Copyright © 2013 GRIN Verlag, Open Publishing GmbH
Druck und Bindung: Books on Demand GmbH, Norderstedt Germany
ISBN: 978-3-668-13570-3

**Dieses Buch bei GRIN:**

http://www.grin.com/de/e-book/311947/gotteslehre-und-christologie-basiswissen

Michael Reinke

# Gotteslehre und Christologie Basiswissen

GRIN Verlag

# Einführung in die Gotteslehre und Christologie

## Inhalt

# I. Rahmenvergewisserung

## 1.Terminologien der christlichen Gottesrede

- *Agnostizismus*
  - Geisteshaltung, die als Voraussetzung jeder sicheren Erkenntnis empirisch nachprüfbare Argumente verlangt und daher die Erkenntnis Gottes leugnet
  - Gott hat keine Bedeutung für uns, man kann nichts von ihm wissen, es gibt zu viele Gottesbilder, Gott zeigt sich nicht eindeutig

- *Atheismus*
  - Theoretische oder gelebte praktische Überzeugung von der Nichtexistenz Gottes
  - Es gibt keinen Gott, Gott soll verdrängt werden aus dem Leben
  - *Theoretischer Atheismus:* Sucht nach Gründen, warum es Gott nicht gibt (z.B. Unerkennbarkeit, Leiden der Welt, Theodizeeproblem)
  - *Praktischer Atheismus:* Leben ohne Gott (verbreitete Geisteshaltung)

- *Deismus*
  - Anerkennung der Personalität und des Schöpfungshandeln Gottes, sein weiteres Eingreifen in die Welt (z.B. durch Offenbarung) wird geleugnet
  - Gott interessiert sich nicht für die Welt und kann auch nichts für sie tun

- *Fideismus*
  - Erkennungshaltung, wonach der reine Glaube Voraussetzung allen Wissens ist
  - Der Glaube hat Vorrang vor der Vernunft, er ist das Fundament des Wissens

- *Gottesbeweise*
  - Versuch auf Grundlage des Glaubens die Existenz Gottes mit rationalen Argumenten allgemein akzeptabel abzusichern
  - 5 klassische Gottesbeweise → Letztendlichen Beweis für Gott gibt es nicht

- *Immanenz*
  - Das Ganze des innerweltlichen Seins: Materie, Energie, Geist
  - Schöpfung, unsere Welt, Intelligenz, Musik, etc...
  - Immanenz ist das, was Gott nicht ist, aber von ihm geschaffen wurde

- *Materialismus*
  - Erklärung der erfahrbaren Welt aus sich selbst heraus. Übernatürliche Offenbarungen oder Transzendenzhinweise werden geleugnet
  - Nur Materie (Sichtbare, Habbare) ist relevant, kein Schöpfer
  - Die Welt ist selbstverursacht und in sich geschlossen

- Monolatrie
  - Verehrung eines Gottes, ohne die Existenz anderer Götter zu bestreiten
  - Glaube in Israel ist zu Beginn eine Monolatrie, entwickelt sich aber während der Exilzeit zu strengen Monotheismus → Deuterojesaja: „Die anderen Götter sind nichts"

- Monotheismus
  - Es gibt nur einen Gott
  - Jessaja: Die anderen Götter sind nichts

- Mysterium tremendum et fascinosum
  - Begegnung mit der Majestät Gottes die als anziehend und zugleich erschreckend erfahren wird

- Mystik
  - Innerliche Erfahrung der reinigenden, erleuchtenden und einenden Begegnung mit dem Göttlichen (3. Schritte: 1. Reinigung von Sünde 2. Erleuchtung (Begreifen wer Gott ist) 3. Leben mit Gott)
  - Gesamtes Christentum ist Mystik (Rätsel ist lösbar, ein Mysterium nicht)
  - Etwas unerklärliches, mit dem wir jedoch tief vertraut sind
  - Meister Eckhart war Mystiker

- Offenbarung
  - Selbstkundgabe Gottes jenseits menschlicher Wunschvorstellungen
  - Gott ist transzendent, es gibt keine Brücke zu ihm
  - Gott muss sich selbst erklären, denn nur er kennt sich

- Pantheismus
  - Gott ist mit der Welt identisch. Die erfahrbare Wirklichkeit gilt als eine Entfaltung des Göttlichen, nicht als Ergebnis eines freien, schöpferischen Aktes von ihm
  - Gott ist nicht der Grund der Welt, die Welt selbst ist etwas göttliches und damit auch der Mensch

- Polytheismus
  - Es gibt mehrere, viele Götter

- Rationalismus
  - Geisteshaltung, nach der dem bloßen Denken ein höherer Stellenwert im Erkennungsprozess zukommt als der Empirie oder der Offenbarung

- Glaube ist völlig durchschaubar, Trinität kann durch Denken einsichtig gemacht werden → Alles kann in Vernunftgründe aufgelöst werden, alles ist logisch →Vernunft löst Glaube auf

- *Theismus*
  - Vorstellung von der Existenz eines personalen und in der Welt wirkenden Gottes
  - Gott existiert, ist Schöpfer der Welt, ist Person, man kann zu ihm Beten
  - Gegenteil von Atheismus
  - Gott handelt in der Welt (Unterschied zum Deismus)

- *Theophanie*
  - Erscheinung und Selbstoffenbarung Gottes vor Menschen (biblisch)
  - Pfingstwunder und Stürme sind Theophanien

- *Transzendenz*
  - Das absolut jenseitige, unerkennbare, zugleich alles Umgreifende Sein Gottes
  - Bereich Gottes jenseits alles denkbaren und einsehbaren
  - Gegenteil von Immanenz (aber nicht zu streng unterscheiden, Immanenz ist kein abgeschlossener Bereich)
  - Transzendenz kann nur über Verneinung beschrieben werden
  - Transzendenz übersteigt das Immanente, aber greift es

- *Trinität*
  - Der eine Gott in 3 Personen, Dreifaltigkeit
  - In sich Liebe, Fruchtbar und Gemeinschaft
  - Trinität deutet biblisches Geschehen aus

## 2.Offenbarung. Glaube. Natürliche Gotteserkenntnis x

### Offenbarung:

- **Objektive Komponente:** Offenbarung ist Vorgabe, Geschehen und Ereignis: Gott tut sich von sich aus in der Welt kund und bewegt sich auf den Menschen zu (**objektives Geschehen**)
- **Subjektive Komponente:** Offenbarung als **subjektive Aneignung** dessen, was geschehen ist
- Glaube und Reaktion der Menschen auf die Offenbarung kommen hinzu
- Hl. Schrift ist nur Urkunde (Beschreibung der Offenbarung), nicht Offenbarung selbst

- o **Offenbarung selbst ist Gott** und **nicht die Bibel** (Christentum und Judentum sind keine Buchreligionen)
- Offenbarung ist Jesus Christi (und dessen Biographie), **Offenbarung ist trinitarisch**
- **Empfänger und Deuter der Offenbarung ist immer eine Gemeinschaft** von Menschen (Israel, Kirche)

## *Glaube:*

- Glauben ist kein Instrumentar exakter Wissensfeststellung
- **Glaube ist Antwort auf die Offenbarung Gottes**
- Glaube hat zwei Dimensionen:
  - o Existenzelle Dimension (Grundhaltung)
    - ▪ Glaube ist eine Art von Bündnis und hat eine **personale Komponente**
    - ▪ Man überlässt sich dem Weg eines anderen, auf etwas vertrauen das sich bewährt hat (Israel vertraut auf Gott); **Vertrauen auf Gott** durchdringt das ganze Leben
  - o Inhalte des Glaubens
    - ▪ **Jahwe ist der einzig wahre Gott** (Monotheismus), dieser ist ansprechbar und spricht auch mich an
- **Glaube soll gelebt werden (wichtig!)**

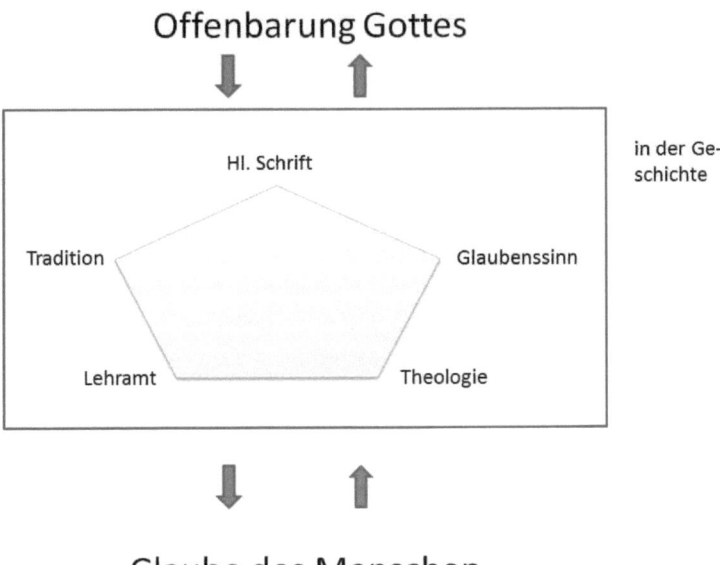

- **Offenbarung allein genügt nicht**
  - o **Glaube des Menschen muss darauf antworten**, und umgekehrt
  - o Offenbarung ist **Gemeinschaftsunternehmen** zwischen Gott und Mensch

- Woher weiß die Dogmatik über Gott?
  - o **5 Erscheinungsorte des Glaubens** (5 Theologiki = Bezeugungsinstanzen der Offenbarung), zeigen jeweiliges Wissen über Gott
    - ▪ Müssen **alle Ernstgenommen werden** und in gleichem Verhältnis interpretiert werden, halten sich gegenseitig im Lot
    - ▪ Stehen alle **in Beziehung zueinander**
    - ▪ Sind **vom heiligen Geist Gottes durchwirkt** (Inspiration der Hl. Schrift)
    - ▪ Müssen **innerhalb einer Glaubensgemeinschaft interpretiert** werden
    - ▪ Bringen **gemeinsam das wesentliche des christlichen Glaubens zum Ausdruck**

- Hl. Schrift
  - o grundlegend für die Dogmatik
    - ▪ hinter Hl. Schrift steht das Leben der Kirche, der Apostel
  - o ist **inspiriert auf verschiedene Arten**
    - ▪ Verbalinspiration (Wort für Wort wurde Bibel von Gott diktiert)
      - ➤ trifft nicht zu, da unterschiedliche Beschreibungen von Geschehnissen (Schöpfungsberichte)
    - ▪ Realinspiration (Nicht jedes einzelnes Wort ist inspiriert, sondern die Sachverhalte, die sich auf das Heil des Menschen beziehen
      - ➤ Bund mit Menschen →wird mit Liedern, Hymnen beschrieben
    - ▪ Personalinspiration (Geist Gottes bedient sich der Menschen, die etwas von Gott erfahren haben
      - ➤ Lebensgeschichten diesen Personen sind inspiriert

- Tradition
  - o gehört eng zu Hl. Schrift
  - o **Tradition ist das in einer Glaubensgemeinschaft gläubige Gelebte (=Glaubensauffassung)**
    - ▪ Liturgie der Kirche (Wie man einen Gottesdienst hält)
    - ▪ Überlieferung von Gebräuche der Kirche

- o Steht nicht alles in der heiligen Schrift
- o **Doppelte Dimension:**
  - ▪ „ich halte fest an dem, was eines Tages geschehen wird"
    - ➢ Verbindung mit Vergangenheit
  - ▪ Immer tieferes Verstehen der Überlieferung und evtl. Korrektur dieser
    - ➢ Offenheit für Zukunft
- o Durch Tradition wissen wir etwas von Gott
- o **Tradition ist ein lebendiger Strom, darf nicht eingefroren werden**

- • Glaubenssinn der Gläubigen
  - o Gläubige wissen, was katholisch ist und was nicht
  - o **Nicht eigene Ideen oder revolutionäres, sondern Verständnis der Hl. Schrift und Tradition**
  - o Christlicher, katholischer Instinkt was Glaubensaussage ist
  - o **Glaubenssinn wird durch hl. Schrift und Tradition genährt**

- • Wissenschaftliche Theologie
  - o **Glaubenssinn ist damit eng vernetzt**
  - o **= Interpretation der Offenbarung**
  - o Theologie ist Erscheinungsort der Glaubens
  - o **Glaube muss rational durchdacht werden, keine reine Gefühlsreligion**
  - o **Dialog mit dem Denken der Zeit**
  - o **Funktion der Kritik** an kirchlichen Leben

- • Lehramt
  - o Instanz des Glaubens
  - o **= Äußerung von Papst und Bischöfen in Glaubensdingen, Überlieferung der großen Konzilien → Festlegung von verbindlichen Normen**
  - o **Einheit der Kirche soll durch Lehramt garantiert werden**
    - ▪ in Streitsituationen hat das Lehramt das letzte Wort
    - ▪ Ursprung der Kirche soll lebendig gehalten werden
  - o Außerordentliches Lehramt sind Konzilien

Keine Instanz darf vernachlässigt werden sonst gerät das Schiff in Schieflage

*Natürliche Gotteserkenntnis:*

- Man kann mit dem Verstand aus den Werken der Schöpfung die Existenz Gottes erkennen;
    - 1. Vat. Konzil definierte diesen Grundsatz

## I. Der biblische Gott im Licht kirchlicher Lehre

### 1.Gottesbilder im AT / Der historische Jesus

- Alles was über Gott geglaubt wird, kommt in Leben Jesu zum Vorschein
    - In Jesus ist das Wort Gottes Fleisch geworden (Grundlage der Christologie)
- Mit historischer Existenz von Jesu steht und fällt der Glaube
    - Glaubensaussage ruht auf den historischen Ereignissen

- Eigenschaften Gottes
  „Eigenschaften" ist strenggenommen der falsch Begriff, denn Gott ist keine Person (haben einen Ursprung, sind beschreibbar)
    - Es gibt keine „Eigenschaften" Gottes
    - Man kann nur in Analogien von Gott sprechen
    - menschliche Eigenschaften werden auf Gott übertragen
    - Ideal einer gemeinsamen Kategorie mit Gott lässt sich nicht verwirklichen
    - Eigenschaften Gottes sind etwas ganz anderes als menschliche Eigenschaften (Gott ist schön, man kann irdische Kategorie nicht als Maßstab nehmen)

    - *allgegenwärtig*
        - Gott ist ein Gott der Menschen, nicht der Orte
    - *allmächtig*
        - Gott ist die alles bestimmende Wirklichkeit
        - Nichts passiert, was nicht Wille Gottes ist
        - Allmacht Gottes wird angerufen, wenn der Mensch in Not ist
    - *allwissend*
        - hat mit Gerechtigkeit Gottes zu tun
        - durchschaut den Menschen bis auf den Grund seines Herzens
    - *unveränderlich*

- Wille Gottes kann von keiner Macht bedroht werden
- Schicksal ist persönlicher Wille Gottes
- Gott kann nicht durch Opfer, Deal, Hinterhalt umgestimmt werden
  - *verborgen*
    - „niemand hat Gott je gesehen"
    - trotzdem weiß jeder Mensch, was Gott von ihm will
    - er ist verborgen, damit du ihn suchst, wenn du ihn gefunden hast ist er unendlich
  - *weisheitlich*
    - mehr als Wissen
    - Vorstellung, das Gottes Wissen über innerste Zusammenhänge jeden Menschen zu einem gelungenen Leben führt
    - Fähigkeit zuzuhören
  - *zornig*
    - nicht zu verwechseln mit Wut Gottes, nicht die Kehrseite der Liebe
    - Glut und Heftigkeit seiner Treue → Ausdruck seiner Gerechtigkeit
    - „ihr wisst genau was zu tun ist, aber tut genau das Gegenteil!"
    - Israel soll Weg der Gerechtigkeit gehen
  - *barmherzig*
    - Gott hat ein Herz für die Armen
    - auch der schuldbeladene Mensch hat bei Gott eine Heimat
  - *ewig*
    - Gott hat keinen Anfang und kein Ende, ist erhaben über die Zeit
    - Ewigkeit = Fülle des Lebens, Leben ohne Abstriche ohne Sättigung →Dies wird Gott uns eines Tages schenken
  - *gerecht*
  - *gnädig*
    - *Zuwendung Gottes*
  - *heilig*
    - Heiligkeit = Transzendenz, weil er ganz anders ist
    - Große Distanz zur Welt
    - sündenlos, souverän
    - innerstes Wesen Gottes, das wir nicht erblicken können
  - *herrlich*
    - Gott ist der Herr (ein Du bestimmt, nicht das Schicksal)

- Herrlichkeit ist die Wucht, mit der sich das Göttliche zeigt
- nicht beschreibbar nur durch Beten anerkennbar
  - *treu*
    - Auf Gott ist Verlass, wird zu meinem Gunsten handeln
    - er hält die Treue, weil er einen Bund geschlossen hat
  - *unendlich*
    - nicht an Zeit und Raum gebunden, aber Schöpfer davon
    - Tod kann unendlichen Gott keine Grenze setzen
  - unsichtbar
    - wegen dem Sündenfall sind wir getrennt von ihm
    - und aufgrund der Verstopfung der Herzen Israel
    - Menschen mit reinen Herzen sehen Gott

- Diese Eigenschaften Gottes formen das Gottesbild Israels
  - Gott ist ein Gegenüber (sieht mich, kennt mich)
  - Gott ist Schöpfer der Welt, aber nicht mit ihr identisch
  - Gott ist der ganz andere, Gott ist treu, für den Menschen da

## Jesus von Nazareth

- Auftreten Jesu verkompliziert Gottesbild
- Eindruck Jesu muss so überwältigend gewesen sein, dass Juden die Jesus kannten sagten: „Jesus ist der Herr"
  - Revolution: Erste Christen wagen dies zu behaupten, *dass er der Sohn ist*. Ihm (als Mensch) wurde ein göttlicher Titel zugesprochen
  - Der unsichtbare Gott ist in Jesus, weil er der Sohn ist, sichtbar geworden.
  - „Eigenschaften" von Gott werden auf Jesus übertragen

- Was kann man verlässlich über Jesus sagen? (aus christlichen Quellen)
  - Geburtsort
    - Betlehem (ungesichert)
  - Geburtsjahr
    - Ca. 6 Jahre v. Chr.
  - Öffentliches Auftreten
    - Ca. 28 n. Chr.
  - Todesdatum
    - 14. Nisan (7. April 30 n. Chr.)

- o Heimatort
  - ▪ Nazaret (galiläisches Dorf)
- o Familie
  - ▪ Vater Josef (Bauhandwerker)
  - ▪ Mutter Maria
  - ▪ stammen aus einfachen Verhältnissen
- o Zeitliches Umfeld
  - ▪ Herodes Antipas (4v. – 39 n. Chr.)
  - ▪ Kaiser Augustus (27v. – 14. Chr.)
- o inhaltlicher Einfluss
  - ▪ Wurde von Johannes dem Täufer getauft
- o Kern seiner Botschaft:
  - ▪ Basileia:
    - • Primat der unverdienten Gnade
    - • Notwendigkeit zur Umkehr
- o Lebenswelt
  - ▪ Ländlich-agrarischer Raum
- o Charakteristika
  - ▪ Wandercharismatische Existenz
  - ▪ Wunderhandlungen
- o Ethik
  - ▪ Normenentschärfung (Sabbatfrage, Reinheitsgebote
  - ▪ Normenverschärfung (Ehescheidung)
- o Ursache für Hinrichtung
  - ▪ Konflikt mit der Jerusalemer Tempelaristokratie
- o Hinrichtungsort
  - ▪ Hügel Golgota →schärfste Form der Hinrichtung

## 2.Der Christus des Glaubens und die trinitarische Sprache des NT x

- • Von einer stimmigen Christologie hängt Lehre von Gott ab
- • Kyrios wird auf Jesus von Nazareth angewendet → Wie steht dann dieser Jesus zu Gott?
- • Historische Persönlichkeit ist belegbar
- • Wiederständig Ereignisse
  - o Ziemlich sicher: Taufe durch Johannes (→ Messias lässt sich taufen; Wie passt das Zusammen?)

- o Kreuzigung; Schändlichster Tod
- Christologie und Gotteslehre greifen eng ineinander
- Auf historischen Jesus beruht jetzt auch der Christus des Glauben
- Was hat nun die Kirche gelehrt?
  - o Christentum steht und fällt mit dem Bekenntnis das Christus wahrer Mensch und wahrer Gott ist, genau das ist das Spannungsfeld, das geklärt werden muss
  - o Das ein Gott Mensch sein soll ist für die Antike schwierig zu begreifen
  - o Dass Jesus Gott war ist schwierig für die Menschen heutzutage
  - o Was hätte das für Folgen wenn Christus nicht wahrer Mensch gewesen wäre?
    - Doglitismus: Menschheit ist Instrument (Schein), aber nicht mit seiner Person identisch (→Folgerung: Scheinleben und Scheintod)
    - Adoktianismus: Normaler Mensch wie wir, aber aufgrund seiner Verdienste hat ihn Gott zu seinen Sohn ernannt (Jesus ist von Anfang an Mensch und Gott)
    - Konzil von Ephesus: Maria ist Gottesgebärerin
    - Unser Menschsein würde nicht berührt werden, keine Erlösung; Es bliebe die Kluft zwischen Menschen und Gott bestehen, Abwertung des Irdischen (→Gnostische Irrlehre: Gott ist reiner Geist: Mit Leiblichkeit hat er nichts zu tun →muss Leiblichkeit ablegen)
    - Menschsein gehört zu seiner personalen Identität (Nimmt nicht nur Gestalt an!)
  - o Er ist uns in allen gleich außer der Sünde
  - o Gehört die Sünde zum Menschsein?
    - Gott hat den Menschen ohne Sünde gewollt
    - Sünde ist Zeichen der Freiheit der Menschen, kommt nicht vom Schöpfer selbst →Man wird erst ganz Mensch wenn man der Sünde entgeht
  - o Jesus ist aber auch wahrer Gott
    - Spaltet bis heute Juden von Christentum
    - Tun Jesus wird gedeutet (evokativ)
      - Umgang mit dem Gesetz
      - Jesus vergibt Sünden
      - Jesus verkündet das Reich Gottes und verknüpft es mit seiner eigenen Person und seinen Wirken (eigentlicher

Anhaltspunkt für die Christologie → Reich Gottes in
Person)
- o Theologische Etappen in der Reflexion um die beiden Naturen Christi
(Arbeitsblatt)
  - Wo das Reich Gottes Wirklichkeit wird, entsteht eine neue
  Wirklichkeit
    - Deswegen:
      - o Heilung von kranken
      - o Zuwendung zu ausgestoßenen
      - o Ostererzählungen
      - o Keine Sünde, kein Egoismen
- o Der Gott Israel ist aber nicht in Jesu reinkaniert
  - Gott wäre sonst in der Welt ertrunken
  - Logos ist Mensch geworden
  - Sohn auf Vater bezogen (→Ich kann als Mensch eine Beziehung
  zu Gott haben)
- o Jesus ist unvermischt (Unvermischt & Ungetrennt)
  - Sonst wäre etwas entstanden das weder Gott noch uns was
  angeht
  - Abstrichlos und Ganz Mensch, und zugleich Ganz Gott
  - Inkarnationsgeheimnis: Wie der Vater (Gott) und die Mutter
  (Maria)

## Zweites Konzil von Konstantinopel

- o Wie sieht es aber mit den Willen aus? Wer steuert diesen Jesus?
- o Eine Person, aber zwei Willen, die völlig frei sind
  - Sein menschlicher Wille hat gelernt sich dem göttlichen zu fügen
  - Für den Mensch gibt es nix besseres freiwillig sich dem Willen
  Gottes zu beugen
  - Soteriologische Konsequenz: Auch wir haben
  Entscheidungsfreiheit durch unseren menschlichen Willen
  - Gesetz Israel: Menschen wollen wie Gott will, aber keine
  Knechtschaft

## Drittes Konzil von Konstantinopel

- o Beschluss: zwei Willen
- o Antriebskraft ist menschlich und göttlich nicht nur göttlich

- o Wenn er nur Gott wäre
  - Wir wären Marionetten
  - Müssten uns passiv erlösen lassen

**Bilderstreit**
- o Verbot Gott bildlich darzustellen
  - o Es wird zu schnell ein Götze daraus
  - o Man in Vorstellungen Gott nicht einsperren darf
  - o Ikonen wurden nicht verboten
  - o Zweites Konzil von Nizäa 787: erlaubt Bilder, da Jesus Mensch war, und seine Menschheit darf dargestellt werden

→ Jesus: 2 Natur, 2 Willen, Mensch und Gott, und darf dargestellt werden

- o Aufgrund dieser Revolution kann ein gläubiger Jude nicht Christ werden
- o Geburt der Trinitäslehre
  - o Ganz Augen und Ohr für den Vater, er teilt es uns mit, überträgt es der Menschheit
  - o Der Sohn schenkt uns den heiligen Geist, wird aber vom Vater gesendet
  - o Jesus ist Geistträger, Geist führt uns zu Gott
  - o Alles was Jesus ausmacht überträgt er auf uns (→heiliger Geist)
  - o Am Kreuz zeigt sich auch, dass er der Sohn ist (Vertrauen zu Gott →Im Tod auf Prüfstand)
  - o Trinität kommt zwar nicht vor, aber trotzdem beschreibt die Bibel dieses Phänomen
  - o Gott handelt an uns im Sohn und im hl. Geist (Drei Handlungsträger)
  - o Narrative Trinitätslehre: Es wird erzählt was Gott tut
  - o Verirrungen
    - Modaismus: Drei Art und Weisen (Jahwe, Sohn, hl. Geist) ist nicht christlich (→Gott selbst der Vater ist am Kreuz gestorben)
    - Dritteln (1/3 Vater, Sohn und Hl. Geist); Er ist aber kein zusammengesetzter Gott
  - o Erfahrungsseite (Bibel) und Auslegungsseite (Dogma → verdeutlicht) gehören zusammen
  - o Formel von Irenäus von Lyon: **Gott ist als Vater über uns, er lebt als Sohn mit uns, Gott ist mit heiligen Geist in uns**

## 3.Konzilsentscheidungen I: Trinitarisches Dogma x

- Auffassung über Jesus von Nazareth ist entscheidend
  - o Er ist der Sohn Gottes und wesenseins mit dem Vater & dem heil. Geist
    - Jesus hat sich nicht als Sohn vorgestellt, aber hat sich so verhalten, dass er mehr ist als Mose und Propheten
    - Der Name JHWH wird auf ihn übertragen
    - Ist aber nicht mit Gott Israels identisch
    - Er ist ein anderer aber nicht etwas anderes!
  - o Der eine Gott handelt als Vater, Sohn und der Heilige Geist

- Urchristentum bekennt Dreifaltigkeit Gottes
  - o So wie getauft wird, wird auch geglaubt
  - o Im Namen des Vaters, Sohnes und des Heiligen Geistes (Trinitarische Formel)
  - o Glaubensbekenntnis ist ebenfalls trinitarisch
    - Trinitarisches Bekenntnis ist in 1-3. Jahrhundert das Rückgrat der Kirche
    - Erst ab 4. Jahrhundert wurde es vertieft, man denkt darüber nach
  - o Extrablatt: Brief der Apostel (altes Glaubensbekenntnis)
  - o Aus Bekenntnis erfolgt Erkenntnis (gilt für alle Glaubensbekenntnisse)
  - o Glaubensbekenntnis von Marcellus wirft Fragen auf: (evtl. Prüfungsfrage)
    - Verhältnis zwischen Gott, Jesus und Hl. Geist bleibt offen!
      - Wie steht Jesus zu Gott, sind sie identisch?
      - Ist Jesus eher Mensch oder eher Gott? (Dignität des Sohnes)
      - Wie sieht die Einheit dieser 3 aus?
      - Ist es ein Monotheismus?
  - o Diese offenen Fragen zwingen Kirche zu Konzilien:

  - o 1. Konzil von Nizäa (325):

    - Atanasius von Alexandria ist hier wichtig
    - Arius (Presbyter) behauptet:
      - Jesus ist nicht selbst göttlichen Wesens

- Jesus ist kein richtiger Mensch, sondern Zwischenwesen
- Es gibt nur Gott den Vater, nicht den Sohn und nicht den heiligen Geist
- Jesus ist nicht selbst Gott, im Grunde wie wir Menschen
- Arius hat Erfolg, es entstehen Gemeinden zu ihm und seiner Einstellung → Gefahr für Kirche
- Kaiser Konstantin beruft dieses Konzil ein
- Entscheidungen: (Antiarianisch!)
  - Jesus ist kein Geschöpf, sondern Gott
  - Jesus ist wahrer Gott aus wahrem Gott geboren, nicht geschaffen, wesensgleich mit dem Vater
  - Jesus ist Auge und Ohr für Gott, steht diesem gegenüber
  - Biblisch ist Jesus der Sohn, Konzilsbedingt, gegen Arius ist er wesensgleich mit dem Vater
  - Homousios = wesensgleich dem Vater (zentrale Aussage des Konzils)
- Konzil setzt sich nicht ohne weiteres durch (Arianisches ist stärker)
  - Kaiser tendiert zu Arius, weil er dann einziger Stellvertreter des einzigen Gottes ist
- Weiterhin ist ungeklärt, wie der Heilige Geist zu Gott steht
  - Pneumatomachen (Bekämpfer der Hl. Geistes) treten in Erscheinung (in Kleinasien)
    - „Seit Nizää gehört der Sohn zum Vater, aber der Hl. Geist ist jedoch Engel bzw. Verbindungswesen aber nicht Gott selbst"
  - Gegenaussage: Auch Hl. Geist gehört zu Gott! Auch Geist ist kein Geschöpf und steht auf der gleichen Stufe wie der Vater und der Sohn
- 1. Konzil von Konstantinopel (381) (Antipneumatomatisch, Pro Trinitarisch)
  - Basilius von Cäsarea
  - Ergänzung des Bekenntnisses von Nizäa in Bezug auf den Hl. Geist
    - Kappadokier erarbeiten diese Entscheidung:
      - Heiliger Geist geht aus dem Vater und dem Sohn hervor

- Auch dem Geist kommt der Gottestitel Herr zu
- Geist ist kein Geschöpf, das von ihm gemacht ist, sondern ist die Liebe die aus ihm hervorgeht
- Die Einheit dieser 3 steht im Vordergrund, in einem einzigen Gebetsakt, die Anrede der 3 ist ein DU (Singular)!
- Abschluss des trinitarischen Dogmas:
  - Ein Gott in 3 Personen
- Prüfungsfrage: Verwendet das Konzil von Konstantinopel im Bezug auf den Hl. Geist den Begriff homousios? → NEIN, bleibt Jesus vorbehalten, stattdessen wird dieser umschrieben, sagt aber dasselbe wie homousios

## 4.Konzilsentscheidungen II: Christologisches Dogma (schwierig) x

## Zentrale Begriffe

- Präexistenz: mehr oder weniger Personal gedachte Größe hat schon existiert vor der Erschaffung der Welt (Weisheit, Logos, Wort Gottes hat schöpferische Kraft)
  - Logos war von Anfang an bei Gott
  - Präexistenz ist Jesus Christus zugesprochen worden
  - Jesus hat schon vor Existenz der Erde bei Gott existiert
  - Logos ist Mensch geworden

- Natur (Physis): Beschaffenheit, Zustand von Wesen
  - Natur im Raum ist Mensch zu sein
    - sterblich
    - gleich
  - Natur der Vögel ist es zu fliegen

- Hypostase: „das ICH" (im Unterschied zu Natur), Personale Tiefendimension eines Wesens

- Jeder hat eine allgemeine menschliche Natur, und eine *einzigartige, einmalige* Hypostase (das ICH) → Personenkern
- **Unterschied zwischen Physis und Hypostase ist sehr wichtig!**

- Logos: Urvernunft, personale Weisheit bei Gott
- Anthropos: Mensch
- Sarx: Fleisch
  - Menschliche Welt im Gegensatz zu göttlicher Welt (biblisch)
  - Leib, Körper, Knochen, Aussehen
  - Verfällt, Dimension des Materiellen
  - Kein Anthropos existiert ohne Sarx

**2 Linien, die die Inkarnation des Logos (Jesus) erklären**

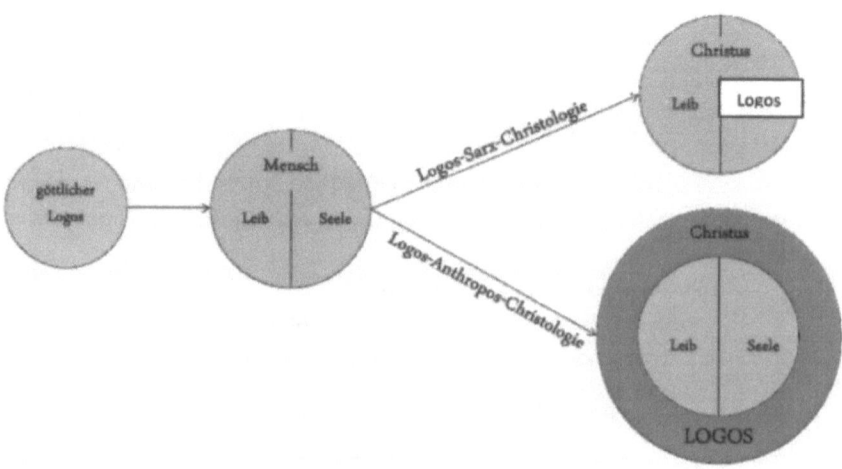

- Logos-Sarx-Schema (Logos ist Fleisch geworden)
Alexandrinische Schule hat diese Ansichten vertreten
  - Jesus besteht aus Leib (Sarx) und dem göttlichen Logos der an die Stelle der Seele tritt → Jesus hat keine menschliche Seele
  - Jesus ist richtiger Mensch, nicht zum Schein (Antidoketismus)
  - Logos hat sich auf menschlichen Körper gesetzt
  - Das einzige menschliche ist nur seine Körperlichkeit nicht sein Geist
  - Göttlichkeit Jesu steht im Vordergrund, Menschlichkeit im Hintergrund

- Vorteil:
  - Einheit der Person Jesus besser zu denken
- Nachteil:
  - Logos hat Herrschaft über Sarx, (den Menschen)
  - Gefahr des Glaubens, dass Jesus keine Seele hat

- Logos-Anthropos-Schema **(Logos ist Mensch geworden)**
Antiochenische Schule hat diese Ansicht vertreten
  - Jesus besteht aus dem Leib, der Seele und dem göttlichen Logos
  - Logos hat sich zum ganzen Menschen verbunden, auch mit Seele
  - Vorteil:
    - Jesus wird in seiner ganzen Menschheit wahrgenommen (Freiheit seines Willens, Ängste,…)
    - Gott und Mensch werden klar voneinander getrennt
  - Nachteil:
    - Göttlichkeit Jesu rückt eher in den Hintergrund
    - Einheit der Person Jesu ist schwer zu denken, es könnte 2 Gestalten geben, den Logos und den Jesus (evtl. 2 Christusgestalten)

### 2 Etappen der Christologie

- Wie verhält sich Jesus von Nazareth zum Gott Israels
  - Konzile: *Nizäa und Konstantinopel I*
  - Antwort: homousios –> wesensgleich, gezeugt nicht geschaffen, Gottes Spiegel

- Wie verhalten sich in Jesus von Nazareth Menschheit und Gottheit zueinander?
  - Entscheidend sind hier 2 Konzile:
  - *Ephesus (431):*
    - *Was heißt Menschwerdung Gottes?*
      - Logos bleibt Logos und wird nicht zum Menschen, verwandelt sich weder in Fleisch noch in Anthropos → Logos und Anthropos sind gemeinsam die Person Jesus von Nazareth

- 1 Person aber 2 Naturen (göttliche=logos und menschliche=anthropos), diese sind verschieden, →Göttliche ist nicht plötzlich Mensch
- Logos geht mit dem Anthropos Jesus eine unzertrennliche Einheit ein
  - Konsequenz: Logos ist mit dem Anthropos (Kind) verbunden vom Augenblick der menschlichen Existenz an (bereits bei Geburt)
  - Maria hat Jesus geboren, der Gott und Mensch ist → Maria ist also Gottesgebährerin! (theotokos)
  - Jesus war also nicht erst ein gewöhnlicher Mensch der später erst vergöttlicht wurde sondern hatte den Logos bereits bei Geburt in sich!
  - Vertritt Logos-Anthropos Theologie (aber Einheitspunkt Jesus ist schwierig)

- *Chalkedon (451)*:
  - Klare Unterscheidung zwischen Naturen und Person Jesu im Unterschied zu Ephesus
  - *Wie verhalten sich die Naturen Jesus zueinander? (vertieft hier)*
    - Logos und Jesus sind ein und dieselbe Person (Einheit der Person
      - Göttlicher Jesus ist irdischer Jesus
      - Jesus ist ganz gottgleich aber auch ganz menschgleich (durch Maria)
        - Maria selbst ist keine Gottheit
      - Jesus ist wirklicher Mensch mit Leib und Seele, keine Hülle für den Logos
        - Er hat aber 2 Naturen im Unterschied zum normalen Menschen
      - „ein und der selbe" charakterisiert Person Jesu
        - Person Jesu ist die des ewigen Logos Gottes
        - Keine 2 Personenkerne aber 2 Naturen
      - Um beide Positionen der Christologie zu verbinden legte man folgendes fest:
        - Christus ist:
          - Unvermischt (gegen logos sarx), unveränderlich, ungetrennt (gegen

logos anthropos), unteilbar (er hat 2
Naturen die aber beide unteilbar zu
Jesus gehören!)
- sonst wäre Jesus ein Zwischenwesen
  zwischen Mensch und Gott
  - Jesus wurde gezeugt, nicht geschaffen
  - Logos leidet nicht am Kreuz, sondern der Mensch
    Jesus
  - Das „Ich" des Jesus ist eines:
    - Das„Ich Jesu" ist das „Ich des Logos", nicht
      das des Menschen
    - Ich des Logos ist aber auch Person bildend
      für das Ich des Jesus von Nazareth

- *Wer ist Jesus von Nazareth?*
  - Der mensch gewordene Logos, der aber ganz Gott
    und ganz Mensch bleibt
  - Logos regiert zugleich göttliche und menschliche
    Seite
  - Vertritt ebenfalls Logos-Anthropos-Theologie

- Aus welcher Kraft handelt Jesus? (aus göttlichem oder menschlichem Willen?)
  - ***Konzil: Konstantinopel II (681)*** lehrt die 2 Willen-Lehre:
    - Jesus hat 2 Naturen, also hat er auch zwei Willen
    - Diese 2 Willen sind einander nicht entgegengesetzt, gleichen sich
      freiwillig an (Symbiose beider Willen)
      - Menschlicher Wille ist folgsam und ordnet sich göttlichem
        Wille unter (aber keine Marionette!)
      - Logos lernt auch als Mensch der Sohn Gottes zu sein
    - Die Einheit der Person Jesus bleibt jedoch gewahrt in 2 Naturen

## Kurzüberblick über die Konzile über die Gestalt Jesus Christus

## Ephesus *(431)*

➢ **Zentrale Frage:** Theotokos (Ist Maria Gottesgebärerin? Wie muss sie angesprochen werden?)

- o Logos ist mit dem Anthropos (Kind) verbunden vom Augenblick der menschlichen Existenz an (bereits bei Geburt)
- o Konsequenz: Maria muss dann als Gottesgebärerin angesehen werden!

## Chalkedon *(451)*

➢ Ausdifferenzierung der zwei Naturen und eine Hypostase ( →Ich)
- o Wie verhalten sich beide Naturen unter?
  - ▪ Jesus ist wirklicher Mensch mit Leib und Seele, keine Hülle für den Logos
  - ▪ Keine 2 Personenkerne aber 2 Naturen
  - ▪ Unvermischt (gegen die Gefahr von logos sarx), unveränderlich, ungetrennt (gegen die Gefahr von logos anthropos, ), unteilbar (Die beiden Naturen gehören unteilbar zu Jesus)

## Konstantinopel II *(681)*

➢ Nachdem man sich auf die zwei Naturen geeinigt hat, stellte sich nun die Frage, wie es sich mit den Willen der Naturen verhält
➢ Zweiwillenlehre
- o Diese 2 Willen sind einander nicht entgegengesetzt, gleichen sich freiwillig an (Symbiose beider Willen)
- o Als oberstes Ziel des göttlichen Plans erkennt menschlicher Wille, dass er sich freiwillig und eigenständig nach dem Willen Gottes handeln kann, um das Heil zu erreichen!
- o Mensch soll Gottgleich werden, dann ist Ziel erreicht
- o Zwei Naturen bleiben aber erhalten!

# III. Der biblische Gott im Fokus theologischer Anfragen

1.Das Christliche Credo: Aufbau, Formen, Geschichte Bedeutung x

- Person ist etwas unbeschreibliches: Hält Leib und Seele zusammen
- Mensch ist Einheit aus Seele und Leib
- Wie sage ich die komplizierten Sachverhalte (s.o) der großen Kirchengemeinschaft?
  1. Hohe Theologie wurde mithilfe der **Glaubensbekenntnisse** herunter gebrochen
- Verbindungen mit dem Christusereignis (Kriterien)
  1. Prozess der Entstehung des neuen Testaments nennt man **Kanonbildung**
     - Konzil von Trient eigentliche Festlegung der Bibel
  2. **Successio Apostolica**
     - 2 Dimensionen: Der Apostolische Glaube, die Überlieferung der Apostel muss allgegenwärtig sein (Apostolische Succession)
  3. **Regula Fidi**
     - Gott von Israel ist erschlossen in Jesus von Nazareth
     - Grundahnung des Glaubens
- Symbolon: Erkennungszeichen (Christen ergänzen sich und erkennen sich als Christen)
- Credo: „Ich glaube" → Glaubensbekenntnis das im Gottesdienst gebetet wird
- Grundbestand aller Glaubensbekenntnisse ist Geschehen der Taufe; Ist dialogisch, aus den kleinen dialogischen Taufbekenntnissen entwickeln sich die großen Glaubensbekenntnisse (privates Glaubensbekenntnis wird gemeinsames)
- Memotechnisch gestaltet (Damit man sie auswendig lernen kann →3 Schritt)
- *Gründe für die Glaubensbekenntnisse:*
  1. Emission: Weitergabe des Glauben (→missionarische)
  2. Bei der Sakramentenspendung (Taufe)
  3. Kirchenbildung (Wir-Gefühl →einheitliches Bekenntnis)
  4. Häresiebekämpfung
  5. Heilssicherung

- Apostolisches Glaubensbekenntnis
  - Ist wichtigstes GB
  - Spiegelung/Entstanden aus der christlichen Taufpraxis (Mt 28,19)
  - Dreigliedrige Taufbefragung (führt uns in das Rom des 3. Jahrhunderts)
  - Im 8. Jahrhundert aufgefüllt durch theologische Vertiefungen
  - Im 13. Jahrhundert hat dieses Bekenntnis kirchenweite Bedeutung
  - Ursprünglich vorliegendes Taufsymbol war nicht so umfangreich, wurde erweitert (Keine Scheingestalt darf es von Jesus geben→ gegen den Dogmitismus)
  - 12 Zusammenhänge/Artikel
    - Legende: Um Autorität zu steigern verwies man darauf dass jeder Artikel auf einen Apostel zurückgeht (→deswegen auch Apostolisches GB)

- Glaubensbekenntnis von Nizäa-Konstantinopel
  - Antihäretische Erweiterung (Konzilsentscheidungen von Konstantinopel und Nizäa wurden mit eingearbeitet)
  - Zentrale Aussage: *Eines Wesens mit dem Vater*
  - Dreigliedrig
  - Sehr stark heilsgeschichtlich orientiert, Bekennen des Glaubesngeschehens
    - Was hat Gott für uns getan?
    - Gott ist die Liebe kommt nicht vor in einem GB
  - Im 3. Jahrhundert in Kappadokien geschrieben
  - Vor dem Auftreten der drei großen Kappadokier abgefasst: Basilius der Große, Gregor von Nyssa, Gregor von Narzians
  - 451 Konzil von Chalzedon schreibt dieses Bekenntnis für alle vor
  - Verbindet bis heute die Konfessionen!
    - da das apostolische und dieses GB verbindlich sind

- Pseudo-Athanasianisches Bekenntnis
  - 5. Jahrhundert
  - Bestreben nach Lernen und ganz genaue Formulierung was glauben heißt wird Rechnung getragen
  - Wird Atanasius zugeschrieben, ist zwar längst Tod (deswegen pseudo) aber trotzdem Autorität, beaufsichtigt auch den Antonius (Vitae Antonii)

- Ist ein Theologen Bekenntnis: Wollen Glauben der Kirche herausarbeiten (→kein genauer Verfasser)
- „Quicumque": „Wer auch immer..." (Nach den Anfangsbuchstaben benannt)
- Zwar auch noch Heilsgeschichtlich (Ab ca. 29) aber Erster Teil (bis 25) ist technisierte Einhämmerung des trinitarischen Glaubens (1 Gott in 3 Personen, ein Unerschaffener, ein Allmächtiger, nicht drei Götter sondern ein Gott)
- 1 Natur in Gott, es wird auf der Personenebene unterschieden, aber keine Vermischung
- Antiarianische Eintrichterung, Schulmäßige Darstellung
- Gott ist das absolute und nicht gemacht, Sohn ist gezeugt (→Antiarianisches Statement), Geist ist hervorgehend;
- Kein Drittelgott – Vater, Sohn, Geist sind Gott aber nicht drei Götter
- Gegen: Tritheismus (3 Naturenlehre, 3 Götterlehre), Arianismus, Modalismus (Auffassung dass sich der selbe Gott einmal als Vater einmal aus Sohn und das andere Mal als Geist zeigt)

## 2.Soteriologie: Bedeutungen vom Tod und Auferstehung Jesu

- Nizää bis Konstantinopel2: Jede Natur Jesu hat auch einen eigenen Willen
- Kreuzigung Jesu ist historisch gesehen großes Problem:
  o Wie kann ein Mensch wie Jesus am Kreuz enden?
  o Todesstrafe durch Kreuz war die Schändlichste
  o Zusätzlich theologisches Hindernis:
    - Wer am Kreuz hängt ist von Gott verflucht, schließt von Gemeinschaft mit Gott aus
  o Blutrünstiger Gott: Von der Kreuzigung Jesu hängt das Heil ab
- Wie geht das zusammen?

### Deutungsmodelle des Todes Jesu im neuen Testament

- Erfüllung des Heilsplans Gottes – Gottes Heilswille
  o Auffassung das Gott angetreten ist, um das Böse in der Welt zu überwinden, Jesus musste am Kreuz sterben →Böse kommt vom Menschen → Zur Überwindung des Bösen muss Jesus am Kreuz sterben → Gott will dass das Böse gebrochen wird über das Kreuz

- Prophetenschicksal bzw. Tod des Gerechten
  - Erfahrung Israels: Propheten werden getötet, da sie stören; Jesus teilt das Schicksal der Propheten → er sagt die Wahrheit bis zum Ende muss dafür aber sterben → Kreuz als Schicksal der Propheten der für das Gerechte einsteht aber dafür sterben muss
- Tod des leidenden Gottesknechtes
  - ab Jes. 52.13: Knechtgotteslied →Jesus spürt die Auswirkungen der menschlichen Bosheit und stirbt unschuldig am Kreuz
- Sündenbockmotiv
  - Priester legt Ziegenbock die Hände auf am Versöhnungsfest, überträgt die Volkssünden und jagt ihn davon → Jesus ist dieser Sündenbock
- Opfertod
  - Jesus wird geopfert →Passafest: Lammschlachtung →Wirgefühl des Auserwählten Volkes →Jesus starb vermutlich als die Lämmer geschlachtet wurden
- Stellvertretendes Sühnopfer
  - In Jesus geschieht das, was eigentlich alle Sünder hätten tun müssen →Er ist gehorsam bis in den Tod →Verwandlung des Akt des Todes in Akt der Liebe
- Überwindung der Sünden- und Todesmacht
  - Jesus stirb grausam, Kreuz gibt den Leidenden und Kranken Stärke, Sünde und Tod hat nicht das letzte Wort
- Lösepreis – Einlösung des Schuldbriefes
  - Menschheit ist verlorene Masse →Alle Menschen sind Sklaven der Sünde →Kreuz ist Akt des Loskaufens vom Bösen durch Tod Jesu → Jesus hat uns raus ☺
- Rechtfertigung
  - Rechtfertigung aus Glauben, Wir sind freigesprochen durch Jesus → Gott rechnet uns diese Wahrhaftigkeit als eigenen Verdienst an
- Versöhnung
  - Entfremdung zw. Gott und Mensch ist durch das Kreuz aufgehoben

- Keine davon ist alleingültig, alle kommen im NT zum Vorschein
- Gut zu leben führt unweigerlich zum Kreuz

## Deutungsmodelle der Auferstehung Jesu im Neuen Testament

- Auferstehung Jesu geschieht durch ein machtvolles Eingreifen Gottes
  - 3. Ansichten was beim Tod passiert
    - Tod ist Trennung von Leib und Seele, Seele lebt weiter, Körper verwest
    - Wiedergeburt
    - Verkündigung der Auferweckung der Toten (Identität lebt auf in Gott) →Handeln Gottes →kein Automatismus
    - Tod kann Mensch nicht von Gott trennen
- Das leere Grab ist kein Auferstehungsbeweis
  - Nur das leere Grab als Auferstehungsbeweis ist zu wenig, wird in der Bibel aber als Zeichen verwendet
- Die Erscheinungen des Auferstandenen sind der Grund des Osterglaubens
  - Das Faktische der Überlieferung →Erscheinung ist ausschlaggebend → setzt den Glauben voraus
- Auferstehung als Neuschöpfung und neue Seinweise des Gekreuzigten
  - Neue Daseinsweise Jesus
- Der Auferstehungsleib ist ein geistgewirkter (pneumatischer) Leib
  - Die Identität der Person bleibt erhalten
- Auferstehung Jesu bedeutet die Überwindung der Todesmacht
  - Tod entfremdet Menschen von Gott normalerweise
  - Jesus hat die Grenze gebrochen
  - Tod ist nicht mehr Ort des Schreckens → Tod ist Heilsereignis
- Einleitung der Auferstehung aller mit der Auferstehung Jesu
  - Mit Auferstehung sind alle Menschen gemeint
- Auferstehung ist keine Chiffre
  - Auferstehung ist metahistorisches Faktum
- Auferstehung ist ein „Mutationssprung der Geschichte"
  - Einbruch einer neuen Welt mit neuen Naturgesetzen, steht unter den Vorzeichen Gottes
  - Unter den Bedingungen des Reichs Gottes ist es undenkbar, dass der Tod noch existiert (prolebse)
    - Wirkt sich aus bis an das Ende unserer Zeit

## 3.Christologische Ansätze in der Theologiegeschichte

Christologie dringt in neue Kontexte vor (christologische Entwicklung)

Wie denke ich Jesus von Nazareth?

Soteriologie (=Lehre von der Erlösung)

## **Verschiedene Arten der Christologie**

- *Anselm von Canterbury*
  - o Vater der Scholastik
  - o Zentrale Frage: Warum ist Gott Mensch geworden? Warum ist dieser Mensch am Kreuz gestorben
    - Innere Ordnung: Gott ist der Oberste Herr (Ständeansicht)
    - Mensch muss in dieser Ordnung bleiben um Heil zu erfahren
      - Mensch stört die Ordnung von Gott durch Sünde
        - o Unendliche Beleidigung von Gott
        - o Entweder Strafe oder Genugtuung
          - Unendliche Strafe wäre der Tot zu krass für Gott
          - Stattdessen unendliche Genugtuung (mehr geben als 1:1, kann Mensch jedoch nicht leisten)
          - Aus Liebe und Gerechtigkeit leistet Gott selbst die Genugtuung im Sohn, deshalb wird Gott Mensch in Christus
          - Jesus stirbt schuldlos und hebt die Beleidigung wieder auf → Wenn Jesus nicht wahrer Mensch wäre, hätte die Menschheit nicht Genugtuung leisten können →Deshalb hat Jesus 2 Naturen (Mensch und Gott)
          - Ewiger Tod wird umgewandelt in ewiges Leben (Satisfaktionslehre = Wiedergutmachungslehre!)

- *Thomas von Aquin*
  - o Ist es angemessen das Gott Mensch geworden ist?

28

- o „Was nicht von Gott angenommen ist, ist nicht geheilt (Quod non assumptum, non sanatum)
- o Neuer Mensch muss auftreten, **damit Gott den Mensch wieder ins Paradies zurückholen kann** → Dieser Mensch ist Jesus Christus
- o „Wirkliche Güte teilt sich mit" (Bonum est diffusivum sui)
  - ▪ Mensch wird heimgeholt in Vaterhaus Gottes durch Jesus Christus
  - ▪ Heimholung des Menschen durch:
    - • Förderung der Glaubensgewissheit
    - • Stärkung der Hoffnung
      - o Bezug auf das, was bereits geschehen ist (Jesus), real
    - • Entflammung der Liebe
      - o nach dem Vorbild Christi
      - o diese Liebe ist hier rational durchdacht
      - o In neuem Menschen muss alles vorhanden sein, bis auf die Sünde, sonst gäbe es keine Erlösung
- o Scholastik (=Methodik, dass der der richtig denkt (logisch) automatisch zum Christentum kommt)

- • *Martin Luther*
  - o Setzt Nominalismus (wertet Vernunft ab) voraus (Niedergang der Scholastik)
  - o Mensch tritt aus dem Ordo-Gedanken von Anselm heraus
  - o **Luther hatte Angst vor Gott** → Wie finde ich einen gnädigen Gott?
    - ▪ **Nicht das Denken (wie Anselm), nicht der Verdienst, sondern der Glaube an Jesus Christus ist entscheidend** (Jesus hat das getan, was ich nicht tun konnte) →selbst die Kirche hat eine untergeordnete Funktion
    - ▪ Gott ist gnädig aufgrund:
      - • Schrift und Glaube
    - ▪ Christus nimmt meine Sünden auf und er gibt uns Gerechtigkeit (Wunderbarer Tausch!)
      - o Er verleiht seine Gerechtigkeit an den Sünder
      - o Mensch kann nur gerettet werden, wenn er an Jesus Christus glaubt
      - o Sünder bleiben Sünder, diese werden ihnen jedoch nicht angerechnet

- o Ich bin und bleibe Sünder, aber die Gnade Gottes durch Jesus Christus werde ich von Gott Freund genannt (Imputationslehre = Ankennungslehre)

- *Gotthold Ephraim Lessing (Vertreter der Aufklärung)*
  - o Egal ob Jesus 2 Naturen oder 1 →Jesus ist der Große Lehrer der Humanität und Menschheit und Ethik
    - ▪ Mensch soll veredelt werden (nicht über Glaubensweg, sondern über aufgeklärte Sittlichkeit →Jesus wird als edler Mensch gesehen (Gottheit wird in den Hintergrund gestellt)
    - ▪ Überzeugung, das Mensch von Haus aus ein moralisches Wesen ist → muss jedoch erst durch Jesus erweckt werden → Jesus als Erweckungsprediger
    - ▪ Jesus wird damit zum Vorbild der Menschlichkeit degradiert, nicht mehr Erlöser
      - reduziertes Christusbild
  - o
- *Karl Rahner (Jesuit →Neuformulierung der gesamten Theologie)*
  - o Transzentale Christologie
    - ▪ Der moderne Mensch kann Jesus nicht mehr akzeptieren (zu mythologisch)
  - o Wie kann ich heute noch Christus als belangvoll verkünden?
    - ▪ Jeder Mensch ist transzendental (innere Verwiesenheit des Menschen auf Gott, bevor er überhaupt darüber nachdenkt) veranlagt (Jeder Mensch hat eine unendliche Sehnsucht nach Gott)
    - ▪ „Ich brauche etwas, was ich mit den Mitteln dieser Welt nicht definieren kann!"
    - ▪ Jesus erfüllt dieses transzendentale Bedürfnis
    - ▪ Bedingung der Möglichkeit der Menschwerdung:
      - Transzendentales Sehnen nach Gott (ewige Sehnsucht)
      - Antwort auf unendliche Frage durch Gott: Christus (ist mit Gott eins)
      - Jesus ist Knotenpunkt zwischen Gott und Mensch
      - Jeder Mensch ragt etwas in Gott hinein
    - ▪ Jeder Mensch (egal ob Christ oder nicht) ist Christus selbst ähnlich (Mensch hat unendliche Verbindung zu Gott, genau wie Christus)

- Christus ist Idealfall des Menschen

- *Leonardo Boff (Befreiungstheologie)*
  - o Historischer Jesus ist zentral, was hat er getan?
    - Antwort: „ Jesus hat Politik vertrieben", Jesus stellt sich gegen die Mächtigen (Befreiung von der Unterdrückung der Mächtigen)
    - Jesus ist Urbild des Befreiers, Jesus soll politisch gedacht werden
      - „Kirche muss in der Nachfolge Christi politisch aktiv werden und gegen die Mächtigen ankämpfen"
    - Kirche muss arm sein und solidarisch mitleiden
    - Ort der Offenbarung ist der leidende Mensch
    - Christologie der Solidarität (Option für die Armen in Südamerika)
    - Darf Nachfolger Christi auch Gewalt anwenden?
      - Umstritten.... (evtl. passiver Wiederstand)

## 4. Gotteslehre und Christologie im Kontext der Gesamtdogmatik

- In der Dogmatik gibt es 11 Traktate, behandeln unterschiedliche Teile der Dogmatik
  - o *Theologische Prinzipien- oder Erkennungslehre*
    - Woher weiß die Kirche etwas von Gott? (zentrale Frage)
      - 5 Erkenntnisorte
        - o Bibel, Tradition, Glaubenssinn, Wissenschaftliche Theologie, Lehramt
      - Welche Methoden sind in der Dogmatik vorhanden
        - o Exegese, Dogmengeschichte, Linguistik, Religionsgeschichte
        - o Legen Grundstein für theologisches Verständnis
      - Dogma ist kein Glaubensgegenstand sondern hilft lediglich Glaube richtig zu erfassen, Dogma ist Wegweiser zum lebendigen Gott, werden strikt ausgelegt

  - o *Gotteslehre*
    - Setzt in der Entdeckung Gottes durch das Volk Israel an
    - fragt nach dem Wesen Gottes

  - o *Schöpfungslehre*
    - Erfassung der Wirklichkeit aus der Perspektive des Glaubens
      - Dogmatik wird mit der Realität konfrontiert
      - z.B.: Ist Welt überhaupt Schöpfung? (ja, da sie von Gott unterschiedlich ist)

- o Schöpfung ist creatio ex nihilo (Gott hat aus dem nichts etwas geschaffen)
  - Ist Urnalltheorie einleuchtend?, Was ist Zeit?
  - Thomas von Aquin: Falsches Denken über Schöpfung führt zu falschem Denken über Gott

- o *Theologische Anthropologie*
  - Mensch als Gipfelpunkt der Schöpfung und Bundespartner Gottes
  - Zentrale Fragen:
    - Wie steht der Mensch zum Schöpfer?
    - Was ist Person/Persönlichkeit?
    - Sünde (Was ist Erbsünde?)

- o *Christologie*
  - Jesus als Sohn Gottes und Erlöser
  - Soteriologie gehört dazu

- o *Moriologie*
  - Konzil von Ephesus (431):
    - Maria ist Gottesgebährerin
    - Maria gewinnt heilsgeschichtliche Bedeutung
    - Maria ist von Erbsünde ausgenommen
    - Maria ist erste die auferstandenem Christus angeglichen wurde
  - Leitende Frage:
    - Was passiert mit Menschen, der so eng mit Jesus verknüpft war nach dem Tod?

- o *Pneumatologie*
  - Lehre vom Hl. Geist als dem Geist Christi in der Geschichte
  - Konstantinopel 1
  - Pneumatologie hängt eng mit Gotteslehre zusammen
    - 1 Wesen 3 Personen
  - Geist ist der Atem der Menschen
  - Geist ist Prinzip der Erleuchtung
  - Geist ist Geschenk Gottes

- o *Ekklesiologie*
  - Lehre von der Kirche
  - Was ist Kirche?
    - Kirche ist notwendig als Erkenntnisorgan
  - Was ist Kirche nicht?
    - Kein Verein zur Stillung religiöser Gefühle
  - Wer gehört zur Kirche?
  - Kirchengeschichte
  - Wie wird Vater, Sohn und Heiliger Geist in der Geschichte der Kirche bezeugt oder verleugnet?

- *Sakramentenlehre*
  - Die Heilszeichen als Heilsmittel Christi in der Gegenwart
  - Abhandlung der 7 Sakramente
    - TVA: Sakramente sind als Lenkfunktionen an den Menschen angelehnt
  - Sakramente haben 2 Dimensionen
    - Symbol (z.B. Taufe: Übergießung mit Wasser)
    - Deutendes Wort
  - Sakrament ist sichtbares Zeichen dem unsichtbare Gnade innewohnt
  - Sakramente müssen auf Christus zurückgeführt werden können

- *Gnadenlehre*
  - Untersuchung des Heils als Gnade
  - Zentrale Frage:
    - Was ist Gnade, Verwerfung?
    - Ist alles bereits vorherbestimmt durch Gott?
    - Warum kann ich sündigen, obwohl ich vom heiligen Geist erfüllt bin?
    - Kann ich mir den Himmel verdienen?
  - Augustinus:
    - Alles muss geschenkt werden
    - Gnade schenkt Freiheit

- *Eschatologie*
  - Taeskata = die letzten Dinge (am Ende der Zeit)
    - 2 Dimensionen der Eschatologie
      - Individuell
        - Was passiert mit mir, wenn ich sterbe?
        - Wer bin ich als toter Mensch?
      - Kollektiv
        - Was passiert mit der Welt und dem Kosmos am Ende der Zeit?

# IV. Der biblische Gott im Feuer öffentlicher Kritik

## 1. Der neue Atheismus und das Theodizeeproblem

- Atheismus = Bewusste Leugnung Gottes, hier ist theoretischer Atheismus (aus guten Gründen gibt es keinen Gott) relevant
- Neuer Atheismus in 3 Ausprägungen (nach Schärtl)
  - *Akademischer Atheismus*
    - Kennt Christentum genau und stellt Gegenargumente auf
      - Beispiele:
        - Keine Allmacht Gottes, da viel Leid auf der Welt

- o Gott ist keine Wirklichkeit in sich, sondern ein vom Menschen erzeugte Idee
- o Wunschdenken, überholtes Weltbild
- arbeitet mit guten und durchdachten Argumenten
- Logischer Positivismus (Wien), Moritz Schlick
  - o Alles im Leben muss empirisch nachweißbar sein→Gott ist dies nicht, deshalb ist das Reden von Gott sinnlos
- Evolution ist so langwierig und grausam das kein lebender Gott dahinter sein kann

o Kultureller Atheismus
  - Kultur und christliches Erbe wird umfunktioniert zu Konsumdenken, macht Gedanken an Gott nicht mehr nötig
    - Jupitertempel wurde zu christlicher Kirche umfunktioniert (Sinn wird ausgetauscht)
    - Gleiches passiert heute mit dem Christentum
      - o Wochenende (nicht Sonntag), Pilger pilgern nicht ins Gotteshaus sondern zum Weißbierglas, Weihnachtsmann (Coca Cola) ersetzt Nikolaus
    - Alles wird mit prophanen Inhalten erfüllt, dass Gott verdrängt wird
    - Langsames Wegentwickeln von Inhalten
    - Substitution von christlichen Inhalten durch nicht christliche

o Denunziatorischer (bewusst irreführender) Atheismus
  - Im vgl. zum akademischen Atheismus (nietzsche, kannte das Christentum sehr genau)
    - Dieser Atheismus kennt das Christentum gar nicht mehr, verballhornt dieses um es anschließend abzuschießen
      - o Richard Dawkings Buch
    - Naturwissenschaftler sagen: Wer denkt und naturwissenschaftlich arbeitet, weiß das es Gott nicht gibt aufgrund
      - o Evolution (zu Komplex)
      - o Gewaltvorwurf (Bibel beinhaltet gewalttätige Texte)
    - Christentum bleibt hinter modernen ethischen Standards zurück
    - Streit muss auf Ebene ausgeführt werden, dass es gute Gründe für Gott und gegen ihn gibt (empirischer Beweis kann es nicht geben)
    - Sehr primitive Vorwürfe und aggressiv!

o Gedanken zu Theodizeeporblematik
  - Hauptargumentationslast des Atheismus hängt mit der Theodizeeproblematik zusammen
  - Wir glauben an
    - allmächtigen, gütigen, allwissenden Gott
    - Trotzdem gibt es Leid, Bosheit, Katastrophen, Morde in der Welt
  - Dilemma: Entweder will Gott Übel beseitigen und kann es nicht →dann ist er nicht allmächtig; oder Gott kann und will es nicht →dann ist er ein boshafter Gott; → Woher kommen dann die Übel
  - Theo = Gott, dize = gerecht

- Beginnt 1755 bei Erdbeben in Lisabonn (100.000 Menschen starben)
  - Georg Büchner: „Das Leid in der Welt ist der Fels des Atheismus"
- Stichworte:
  - Malum morale = moralisches Übel, das der Mensch verursacht
    - Argumentation:
      - Warum darf der Nachbar mein Haus anzünden und Gott schaut zu?
        - Gott schätzt Gut der Freiheit des Menschen hoch ein →Freier Wille ist wesentliches am Menschen
        - John Hick: Mensch reift an den Wiederständen des Lebens
        - Egal was jemand getan hat, er bleibt Mensch mit allen Würden und Rechten (Hitler, Stalin)
  - Malum physicum = natürliches Übel (Zunami, Älter werden und sterben, Überschwemmung)
    - Schöpfung hat Gesetzmäßigkeiten, bei Nichtbeachtung schlägt diese zurück →Welt ist nicht göttlich, nicht vollkommen, funktioniert ohne Gesetzmäßigkeit nicht →Eigenständigkeit der Naturgesetze
  - Privatio boni Lehre (Augustinus) = Beraubung des Guten; Das Böse hat keine Substanz
    - Das Böse ist eine Minderung des Guten, Böses kann nur schmarotzerhaft an dem Guten haften
    - Gott ist nicht der Urheber des Bösen, aber der Ordner des Bösen → Er ordnet Mangel ein, so dass dieser wieder ausgeglichen wird
    - Böses hat nicht das letzte Wort, ist Angriff auf das Sein, aber keine eigene Wirklichkeit → Positive hat das letzte Wort
  - Kenosis = (Erniedrigung) Gott der Schöpfer muss eine unvollkommene Schöpfung hervorbringen, sonst wäre Schöpfung zweiter Gott → bringt den ethischen Menschen hervor, Bestreben nach Vollkommenheit
    - Selber Gott der Schöpfung hervorbringt bezahlt auch dafür
    - Gott ist selbst den Weg ins Leid mitgegangen (Kreuzestheologie, Jesus)
    - Theodizeefrage wird noch viel Schlimmer (Ist Leid so viel Wert, dass sich sogar Gott davor beugen muss?)
- Mann kann Bösen einen Sinn abgewinnen, und ihn damit entlasten

## 2. Das christliche Gottesbild und die Religionen

- Theologie der Religionen: Bewertung anderer Religionen aus dem Blickwinkel des Christentums
- Exklusivismus: es gibt nur einen Weg zum Heil

- o Eigene Religion besitzt diesen einzigen Heilsweg, andere haben kein Heil und keine Wahrheit → sind Erfindung
- o Ansicht in allen Religionen vertreten
- o Christen sind Schriftbesitzer laut Islam, aber Abschluss der Offenbarung ist Islam
- o Christentum bis II. Vat. war Exklusivismus →war dann nicht mehr haltbar, zu rigoros, denn Gott will das Heil aller Menschen
  - „Kirche lehnt nichts von dem ab, was in den anderen Religionen wahr und heilig ist"
  - Ansicht der kath. Kirche ändert sich zum......
- .....Inklusivismus: es gibt einen besten Weg zum Heil
  - o Eigene Religion zwar unüberbietbarer Heilsweg, aber andere haben Elemente der Offenbarung (des Heils)
  - o Logos spermatikos = Samenhaftigkeit des Logos (Teilwahrheiten über Jesus waren schon immer über ganze Welt zerstreut)
  - o Andere Religionen leben evtl. frommer als wir
  - o dignitatis humanae (Toleranz, bezieht sich auf Inklusivismus):
    - Kein Mensch darf zur Religion gezwungen werden
    - Kein Mensch darf gehindert werden seine Religion öffentlich zu leben
- Pluralismus: es gibt viele gleichwertige Wege zum Heil, Unterschiede sind nur kulturell bedingt (Der eine Mond spiegelt sich in vielen Pfützen)
  - o Bei konkreten interreligiösen Dialog → Hoffnung auf Friede
  - o Keine Religion ist Maßstab für andere
  - o Die ganze Wahrheit ist in keiner Religion gegeben
- Was hält man von Pluralistischer Sicht? (evtl. Prüfungsfrage)
  - o Teilaspekte passen zusammen
  - o Aber „Gleichsetzung" ist problematisch
    - Hinduismus ist gleichwertig mit Christentum, wertet Christentum ab
    - Selbstverständnis der Religionen wird nicht getroffen
    - Nur als religiöser Mensch kann man Religion beurteilen
      - Pluralismus setzt Grenze, was die Religionen sagen dürfen
- Interiorismus: Der christliche Glaube bezeugt
  - o weder Exklusivismus
  - o noch Inklusivismus oder Superioritätsanspruch
  - o noch Pluralismus
  - o „Christus in den Religionen"